［新版］
楽しいK-Talk
基礎韓国語

李 修京
［監修］

白順社

カナダラ表／ハングル表

母音字 子音字	ㅏ (a)	ㅑ (ya)	ㅓ (eo)	ㅕ (yeo)	ㅗ (o)	ㅛ (yo)	ㅜ (u)	ㅠ (yu)	ㅡ (eu)	ㅣ (i)
ㄱ (k/g)	가	갸	거	겨	고	교	구	규	그	기
ㄴ (n)	나	냐	너	녀	노	뇨	누	뉴	느	니
ㄷ (t/d)	다	댜	더	뎌	도	됴	두	듀	드	디
ㄹ (r/l)	라	랴	러	려	로	료	루	류	르	리
ㅁ (m)	마	먀	머	며	모	묘	무	뮤	므	미
ㅂ (p/b)	바	뱌	버	벼	보	뵤	부	뷰	브	비
ㅅ (s/sh)	사	샤	서	셔	소	쇼	수	슈	스	시
ㅇ (-/ng)	아	야	어	여	오	요	우	유	으	이
ㅈ (ch/j)	자	쟈	저	져	조	죠	주	쥬	즈	지
ㅊ (ch)	차	챠	처	쳐	초	쵸	추	츄	츠	치
ㅋ (k)	카	캬	커	켜	코	쿄	쿠	큐	크	키
ㅌ (t)	타	탸	터	텨	토	툐	투	튜	트	티
ㅍ (p)	파	퍄	퍼	펴	포	표	푸	퓨	프	피
ㅎ (h)	하	햐	허	혀	호	효	후	휴	흐	히

안녕하세요 ? 반갑습니다 !

　この本は韓国語を初めて学習する皆さんのために、短時間で、わかりやすく韓国語の基礎を身に付けるように工夫し、学習者の立場を想定しながら、執筆陣が会議を重ねて作った基礎韓国語学習者用の教材です。韓国語の呼称について、日本では歴史的事情で、韓国語・朝鮮語・コリア語・韓国朝鮮語・ハングル語など様々な呼び方がありますが、本書では韓国語と表記します。

　韓国語や韓国文化・社会・歴史・地域環境などを専門にする我々執筆陣も、多言語話者として外国語学習に苦労した当事者です。そのため、まず我々は学ぶ立場に立ち、どのような単語や文法が実用・実践の場で必要なのか、どの程度なら初級授業を通して学習効果が高まるのかなど、執筆者で何度も話し合いました。

　ご承知のように、韓半島と日本は古代から様々な文化交流のあった関係で、言語体系の上でもほぼ同様の文法構造をもっているため、韓国語は学習者からすると親しみやすく学びやすい言語だといえます。韓国語の基本といえるハングル文字は、母音10個と子音14個、そのほかの複合（合成）母音11個、濃音5個の計40文字、そして子音で成り立つ'パッチム'の組み合わせで構成されます。それに、文法と語彙の活用さえできれば話す・聴く・読む・書くことはさほど難しくありません。それほどシンプルな仕組みで、基本さえ理解できれば、後は資料の多読や言葉の応用を通して上達していきます。

　朝鮮時代の第4代王である'世宗大王'と宮廷の学問機関であったチッピョンジョン（集賢殿）の学者たちによって創られたハングルは、1443年に'訓民正音'という名で公布されました。表音文字のハングルは文字を作った人が明確で、科学的な文字だと評価されています。言葉の意味の違いや特殊な使い方などはあるものの、主語・目的語・述語等の語順や、助詞の活用など、文法的に韓国語は日本語とほぼ同じなのです。

　2023年のCNNの報道によれば、韓国語は世界で学習している言語の順位7位に入っており、その使用人口も約8000万人にのぼっています。2023年のK-pop関連の投稿（Twitter & X）だけで78億件を記録しており、韓国の音楽や映画・ドラマのようなコンテンツや、コスメ、フード、ファッション、e-sportsなども世界的に人気を得ています。

　皆さんは韓国の文化の中でどのようなジャンルが好きですか？

　好きなことをより深く知るためにも言語を身に付けることは大事です。ぜひこの教材を通して韓国語の基礎をしっかり身に付けて下さい。そして、泳いで行ける（実際、釜山と対馬間を二度に渡って泳いだ韓国の水泳選手がいましたね！）お隣の韓国にも皆さんと交流したがる人がたくさんいることを知ってほしいです。明日の時代を同じ地球村で共存共生すべきその'出会い'を通して、より豊かで頼もしい時代の仲間を増やしてほしいと切願しています。

　そのような願いを込めて我々は皆さんにわかりやすく、身に付けやすい教材を提供する次第であります。

　末筆ながら、本書の出版を快く引き受けて下さった白順社の徳宮峻代表に執筆者一同より深く感謝を申し上げます。

執筆者代表　李　修京

目次

発音編

第1課
基本母音 8

第2課
子音1　平音 11

第3課
子音2　激音 14

第4課
子音3　濃音 17

第5課
合成母音 20

第6課
終声（パッチム） 24

第7課
発音規則 28

会話編

第8課
안녕하세요 ? 34

- 簡単な自己紹介と挨拶
- 助詞 ～는 / 은（～は）
- ～입니다 . / ～입니까 ?（～です。/ ～ですか ?）

第9課
우리 가족사진이에요 . 38

- 会話体（～예요 . / ～이에요 .）
- 人称代名詞
- 助詞 ～도（～も）
- 名詞の否定形（～가 / 이 아니다）
- 家族名称

第 10 課
지금 도서관에 있습니까? 42
- 助詞 ~ 에（~に）
- 存在詞（있습니다./없습니다.）
- 動/形＋ㅂ니다./습니다.（です/ます体）
- 曜日

第 11 課
저 모자는 얼마예요? 46
- 指示代名詞
- ~네요.（~ですね。/~ますね。）
- 漢数詞
- 助詞 ~ 에서（~で）

第 12 課
파티는 몇 시부터 몇 시까지예요? 52
- 時間
- 固有数詞
- 様々な助数詞
- ~ㄹ/을까요?（~しましょうか？）

第 13 課
주말에는 무엇을 해요? 56
- 助詞 ~ 를/을（~を）
- ~아/어요.（会話体~ます/です。）
- 안 ~，~지 않아요.（用言の否定）

第 14 課
K-POP은 언제부터 좋아했어요? 62
- 過去形の作り方
- 動詞の語幹＋아/어 보다（動詞の語幹＋てみる）

第 15 課
김밥을 만들고 싶어요. 68
- 依頼の表現（~아/어/여 주세요.）
- 願望、希望の表現（~고 싶다）

《付録》単語のまとめ 72

【会話編】登場人物の紹介

鈴木里奈（すずき りな）：日本人女性
韓国語を勉強している大学生。おいしいご飯屋さん巡りが趣味。韓国語学習の目標は、韓国旅行に行って、今まで勉強した韓国語を使ってみること。

田中俊（たなか しゅん）：日本人男性
里奈の同級生。ダンス動画を撮るのが趣味。最近はK-POPのカバーダンスにハマっている。

キム・ユミン：韓国人女性
里奈の隣の家に住む韓国人。里奈の大学に交換留学で来た留学生。料理が趣味。

イ・ジュンソ：韓国人男性
ユミンの友人。日本語を勉強している大学生。好きなことは歌を歌うこと。

日本の大学で韓国語を勉強している里奈は、隣の部屋に引っ越してきた交換留学生のユミンと仲良くなる。顔を合わせたときに挨拶をしたり、一緒に遊びに出かけて親しくなる。のちには、ユミンが友達のジュンソを紹介し、里奈の同級生の俊も一緒に仲良くなり、料理を一緒に作って食べたり、大学の学祭に遊びに行くような友達になる。

発音編

第1課
基本母音

> **学習内容**
> ・ハングルの母音字は天と地と人を表す「・」「ー」「｜」の3つの要素から作られ、基本母音字10個と複合（合成）母音字11個があります。ここでは、基本母音字を覚えましょう。

 **基本母音**

基本母音	音	説明
ㅏ	[a]	日本語の「ア」とほぼ同じく発音する。
ㅑ	[ya]	日本語の「ヤ」とほぼ同じく発音する。
ㅓ	[eo]	口を大きく開いて舌を奥に引きながら「オ」と発音する。
ㅕ	[yeo]	口を大きく開いて「ヨ」と発音する。
ㅗ	[o]	唇を丸めて前に突き出しながら「オ」と発音する。
ㅛ	[yo]	唇を丸めて前に突き出しながら「ヨ」と発音する。
ㅜ	[u]	唇を突き出しながら「ウ」と発音する。
ㅠ	[yu]	日本語の「ユ」とほぼ同じく発音する。

| ー | [eu] | 唇を横に引いて前歯を見せながら「ウ」と発音する。 |
| 丨 | [i] | 日本語の「イ」とほぼ同じく発音する。 |

●文字の書き方

ハングルは上から下へ、左から右へと書きます。母音を書く時には、母音の左側、または上に子音字で無音の「ㅇ」が付きます。

●母音字の順番

아 야 어 여 오 요 우 유 으 이

 練習問題

1. 次の母音を発音しながら書いて覚えましょう。

아						
야						
어						
여						
오						
요						
우						

유					
으					
이					

2. 次の単語を発音しながら書いて覚えましょう。

아이 （子ども）		여우 （きつね）	
오이 （きゅうり）		우유 （牛乳）	
이유 （理由）		우아 （優雅）	
이 （2、この）		여유 （余裕）	

第 2 課
子音 1　平音

> **学習内容**
> ・ハングルの子音字は発音する時の舌・歯・唇・喉の形など、発音器官をかたどって作られた 14 個の基本子音（平音 10 個、激音 4 個）と 5 個の合成子音があります。子音にはそれぞれ名前がついています。文法説明のときに出てきますので覚えておきましょう。ここでは基本子音字と母音字を組み合わせて読んで見ましょう。

 基本子音

子音	文字	音	名前	例
平音	ㄱ	[k/g]	기역 [キヨク]	가구 , 고기 , 거기 , 여기
	ㄴ	[n]	니은 [ニウン]	나 , 너 , 누구 , 누나
	ㄷ	[t/d]	디귿 [ディグッ]	구두 , 도구 , 어디 , 기도
	ㄹ	[r/l]	리을 [リウル]	우리 , 오리 , 나라 , 라디오
	ㅁ	[m]	미음 [ミウム]	어머니 , 머리 , 무우 , 미나리
	ㅂ	[p/b]	비읍 [ピウプ]	바나나 , 바다 , 비 , 보리
	ㅅ	[s/sh]	시옷 [シオッ]	소고기 , 소리 , 스시 , 가수
	ㅇ	[-/ng]	이응 [イウン]	아기 , 요리 , 우비 , 이모

| ㅈ | [ch/j] | 지읒 [チウッ] | 자유, 조사, 주사, 주소 |
| ㅎ | [h] | 히읗 [ヒウッ] | 하나, 하루, 허리, 효도 |

●平音の有声音化

　平音のㄱ[k/g], ㄷ[t/d], ㅂ[p/b], ㅈ[ch/j] の４つの子音は母音にはさまれると、[g], [d], [b], [j] と濁音に変化します。

ㄱ [k] → [g]	가구（家具）	:	[kaku] → [kagu]
ㄷ [t] → [d]	가다（行く）	:	[kata] → [kada]
ㅂ [p] → [b]	부부（夫婦）	:	[pupu] → [pubu]
ㅈ [ch] → [j]	사자（ライオン）	:	[satʃa] → [saja]

 練習問題

1. 次の母音と子音を組み合わせて書いてみましょう。

	ㅏ	ㅑ	ㅓ	ㅕ	ㅗ	ㅛ	ㅜ	ㅠ	ㅡ	ㅣ
ㄱ										
ㄴ										
ㄷ										
ㄹ										
ㅁ										
ㅂ										

ㅅ										
ㅇ										
ㅈ										
ㅎ										

2. 次の単語を発音しながら書いてみましょう。

가수 (歌手)		나라 (国)	
도로 (道路)		라디오 (ラジオ)	
모자 (帽子)		바다 (海)	
소리 (音)		우비 (雨具)	
주소 (住所)		버스 (バス)	
사자 (ライオン)		요리 (料理)	
구두 (靴)		허리 (腰)	

第3課
子音2　激音

学習内容

・激音は、基本子音字のうち「ㅊ, ㅋ, ㅌ, ㅍ」の4つです。この激音は平音「ㅈ, ㄱ, ㄷ, ㅂ」より息を強く吐き出すように発音します。この4つの激音は語中、語末でも有声音化は起こらず常に同じ音です。強く息を出しながら発音してみましょう。

基本子音

子音	文字	音	名前	例
激音	ㅊ	[ch]	치읓 [チウッ]	차, 추가, 치마, 치즈
	ㅋ	[k]	키읔 [キウク]	코, 키, 쿠키, 크리스마스
	ㅌ	[t]	티읕 [ティウッ]	토마토, 토지, 투자, 도토리
	ㅍ	[p]	피읖 [ピウッ]	파, 포도, 피구, 피아노

● 가は「ga」카は「ka」, 다は「da」타は「ta」, 바は「ba」파は「pa」, 자は「ja」차は「cha」のように区別すると理解しやすいです。

# 練習問題

1. 次の激音を母音と組み合わせて書いてみましょう。

	ㅏ	ㅑ	ㅓ	ㅕ	ㅗ	ㅛ	ㅜ	ㅠ	ㅡ	ㅣ
ㅊ										
ㅋ										
ㅌ										
ㅍ										

2. 次の単語を発音しながら書いてみましょう。

차 (車)		추가 (追加)	
치마 (スカート)		치즈 (チーズ)	
추리 (推理)		커피 (コーヒー)	
우표 (切手)		쿠키 (クッキー)	
토마토 (トマト)		토지 (土地)	

타다 （乗る）		파 （ネギ）	
파도 （波）		피아노 （ピアノ）	

3. 次の言葉を発音しながら意味を書いてみましょう。

차		추리		추가	
치마		치즈		노크	
카드		코		쿠키	
코미디		코코아		토마토	
토지		타다		파	
파도		피아노		우표	

第4課
子音3　濃音

> **学習内容**
> ・濃音は、子音の「ㄱ,ㄷ,ㅂ,ㅅ,ㅈ」を重ねて書く「ㄲ,ㄸ,ㅃ,ㅆ,ㅉ」の5つの合成子音字です。喉が詰まった感じに強めて、息を漏らさないように発音するのがコツです。母音と組み合わせて発音してみましょう。

 合成子音

子音	文字	音	名前	例
濃音	ㄲ	[gg]	쌍기역 [サンキヨック]	까치, 꼬리, 꼬마, 꾸러기
	ㄸ	[dd]	쌍디귿 [サンディグッ]	따라서, 따로, 또, 띠
	ㅃ	[pp]	쌍비읍 [サンビウプ]	뼈, 뿌리, 아빠, 오빠
	ㅆ	[ss]	쌍시옷 [サンシオッ]	싸다, 비싸다, 씨, 아저씨
	ㅉ	[jj]	쌍지읒 [サンジウッ]	짜다, 찌꺼기, 가짜, 찌다

🔴 濃音は日本語の「ッカ」「ッタ」「ッパ」「ッサ」「ッチ」のような時の音と似ているので、前に促音があるつもりで発音すると濃音になりやすいです。

```
까「ッカ」‥‥‥しっかり
따「ッタ」‥‥‥ばったり
빠「ッパ」‥‥‥さっぱり
싸「ッサ」‥‥‥あっさり
찌「ッチ」‥‥‥ばっちり
```

練習問題

1. 次の濃音を母音と組み合わせて書いてみましょう。

	ㅏ	ㅑ	ㅓ	ㅕ	ㅗ	ㅛ	ㅜ	ㅠ	ㅡ	ㅣ
ㄲ										
ㄸ										
ㅃ										
ㅆ										
ㅉ										

2. 次の単語を発音しながら書いてみましょう。

까치 (カササギ)		토끼 (うさぎ)	
꼬리 (尾)		꼬마 (ちび)	
따로따로 (別々)		또 (また)	

뼈 （骨）		뿌리 （根）	
오빠 （妹からみて兄）		비싸다 （値段が高い）	
씨 （種）		아저씨 （おじさん）	
짜다 （塩辛い）		가짜 （偽物）	

3. 次の言葉を読みながら日本語の意味を書いてみましょう。

까치		꾸러기		꼬리	
꼬마		띠		또	
뼈		뿌리		오빠	
따로따로		씨		아저씨	
짜다		가짜		비싸다	

4. 次の平音、激音、濃音を比較しながら発音してみましょう。

가	다	바	사	자
카	타	파		차
까	따	빠	싸	짜

第 5 課
合成母音

学習内容

・ここでは基本母音 10 個に基づいて作られた合成母音を覚えます。合成母音は全部で 11 個あります。

 合成母音

合成母音	音	例
ㅐ	[ae]	개 , 대나무 , 배 , 새
ㅒ	[yae]	얘기 (이야기) , 쟤 (저 아이) , 걔 (그 아이)
ㅔ	[e]	게 , 에너지 , 제비 , 베개
ㅖ	[ye]	예 , 예외 , 예고 , 세계
ㅘ	[wa]	과자 , 기와 , 사과 , 화가
ㅙ	[wae]	돼지 , 왜
ㅚ	[oe]	뇌 , 뫼 , 외교 , 회사
ㅝ	[wo]	뭐 , 샤워 , 워드 , 타워
ㅞ	[we]	스웨터 , 노르웨이 , 하드웨어

| ㅟ | [wi] | 귀 , 위 , 쥐 , 뒤 |
| ㅢ | [ui] | 의사 , 의자 , 의미 , 회의 , 주의 |

●合成母音の発音

・〈ㅐ , ㅔ〉

［エ］と発音しますが、「ㅐ」と「ㅔ」の音の違いは殆どありません。「ㅐ」は「ㅏとㅣ」、「ㅔ」は「ㅓとㅣ」の合成音。

・〈ㅒ , ㅖ〉

［イェ］と発音しますが、「ㅒ」と「ㅖ」の音の違いは殆どありません。「ㅒ」は「ㅑ とㅣ」、「ㅖ」は「ㅕとㅣ」の合成音。

・〈ㅚ , ㅙ , ㅞ〉

［ウェ］と発音しますが、それぞれの音の違いは殆どありません。

「ㅚ」は「ㅗとㅣ」、「ㅙ」は「ㅗとㅐ」、「ㅞ」は「ㅜとㅔ」の合成音。

・〈ㅝ , ㅟ〉

「ㅝ」と「ㅟ」は口をすぼめて「ㅝ」は［ウォ］と、「ㅟ」は［ウィ］と発音します。「ㅝ」は「ㅜとㅓ」、「ㅟ」は「ㅜとㅣ」の合成音。

・〈ㅘ〉

［ワ］と発音しますが、［ワ］よりもっと口を大きくあけて強く発音します。「ㅘ」は「ㅗとㅏ」の合成音。

・〈ㅢ〉

「ㅢ」は口を横に引いて［ウィ］と発音します。「ㅢ」は「ㅡとㅣ」の合成音。

「ᅴ」は位置によって［ウィ］［イ］［エ］の３つに発音されます。

［ᅴ］［ウィ］：의사（医者）、［ㅣ］［イ］：회의（会議）、
［ㅔ］［エ］：나의（私の）

 練習問題

1. 次の合成母音を発音しながら書いて見ましょう。

애									
얘									
에									
예									
와									
왜									
외									
워									
웨									
위									
의									

2. 次の単語を発音しながら書いてみましょう。

개 (犬)		배우 (俳優)	
제비 (つばめ)		베개 (枕)	
세계 (世界)		사과 (りんご)	
과자 (菓子)		회사 (会社)	
취미 (趣味)		의자 (椅子)	
주의 (注意)		노래 (歌)	
뭐 (何)		얘기 (話)	

☞ここまで習った全母音21個をもう一度発音してみましょう！

아 애 야 얘 어 에 여 예 오 와

왜 외 요 우 워 웨 위 유 으 의 이

第6課
終声(パッチム)

学習内容

・ハングルは、子音字と母音字が1つずつ組み合わさった文字のほかに、さらにその音節末にくる子音字があります。この子音字のことをパッチム（終声）と言い、全ての子音字が音節末に来ることができます。その子音字は以下の7つの音のどれかで発音されます。

 パッチム

代表パッチム	音	パッチム		例
ㄱ	[k]	ㄱ, ㅋ	ㄲ, ㄳ, ㄺ	각, 부엌, 밖, 몫, 닭
ㄴ	[n]	ㄴ	ㄵ, ㄶ	돈, 문, 앉다, 많다
ㄷ	[t]	ㄷ, ㅅ, ㅈ, ㅊ, ㅌ, ㅎ	ㅆ	곧, 맛, 낮, 꽃, 끝, 하얗다, 있다
ㄹ	[l]	ㄹ	ㄺ, ㄻ, ㄼ, ㄽ, ㄾ, ㅀ	물, 읽고, 넓다, 밟다, 외곬, 핥다, 싫다
ㅁ	[m]	ㅁ	ㄻ	꿈, 닮다, 삶, 삶다
ㅂ	[p]	ㅂ, ㅍ	ㅄ, ㄼ, ㄿ	입, 잎, 값, 밟다, 읊다
ㅇ	[ng]	ㅇ		공, 방, 방송, 간장

※ ㄲ、ㅆはサンパッチム（쌍받침）と言い、ㄶ、ㄵ、ㄼ、ㄾ、ㅄ、ㄺ、ㄻ、ㄿはキョッパッチム（겹받침）と言います。

●文字の仕組み
봄（春）　ㅂ　初声
　　　　　ㅗ　中声
　　　　　ㅁ　終声（パッチム）

●発音の仕方
① パッチム「ㅋ,ㄲ」「ㅅ,ㅆ,ㅈ,ㅊ,ㅌ」「ㅍ」は、それぞれ代表音［ㄱ］［ㄷ］［ㅂ］に発音されます。

닦다 [닥따], 키읔 [키윽], 옷 [옫], 있다 [읻따], 솥 [솓],
앞 [압]

② キョッパッチム（겹받침）

左側の子音を発音する場合；ㄳ,ㄵ,ㄼ,ㄾ,ㅄ,ㄽ

앉다 [안따], 여덟 [여덜], 핥다 [할따], 값 [갑],
외곬 [외골]

ただし、「밟」は子音の前では［밥］、「넓」は下記の場合［넙］と発音します。

밟다 [밥따], 밟고 [밥꼬], 넓죽하다 [넙쭈카다],
넓둥글다 [넙뚱글다]

③ キョッパッチム（겹받침）ㄺ,ㄻ,ㄿは、［ㄱ］［ㅁ］［ㅂ］に発音されます。

닭 [닥], 젊다 [점따], 읊다 [읍따]

ただし、「ㄺ」は「ㄱ」の前では［ㄹ］に発音されます。
맑게 [말께], 묽고 [물꼬]

●単語

각(角)	부엌(台所)	밖(外)	몫(分け前)
닭(鶏)	돈(金)	문(門)	앉다(座る)
많다(多い)	곧(すぐ)	맛(味)	낮(昼)
꽃(花)	끝(おわり)	하얗다(白い)	있다(ある)
물(水)	읽고(読んで)	넓다(広い)	외곬(一途)
핥다(なめる)	싫다(嫌い)	꿈(夢)	닮다(似る)
삶(生)	삶다(茹でる)	입(口)	잎(葉)
값(値)	밟다(踏む)	읊다(詠む)	공(ボール)
방(部屋)	방송(放送)	간장(醬油)	

練習問題

1. 次のパッチムのある単語を発音しながら書いてみましょう。

ㄱ [k]	몫 , 부엌 , 밖 , 닭	
ㄴ [n]	눈 , 앉다 , 많다	
ㄷ [t]	걷다 , 끝 , 옷 , 있다 ,	
	낮 , 꽃 , 하얗다	
ㄹ [l]	물 , 엷 , 잃다	

ㅁ [m]	봄 , 삶다	
ㅂ [p]	입 , 잎 , 없다 , 읊다	
ㅇ [ng]	간장	

2. 次の単語を発音しながら、意味を日本語で書いてみましょう。

돈		밖		못		닭	
낮		낯		꿈		봄	
삶		술		입		값	
넓다		부엌		앉다		많다	
낳다		밟다		싫다		닮다	

第 7 課
発音規則

> **学習内容**
> ・パッチムの付いた文字を読む際に起こるいくつかの音韻規則に伴う連音化、口蓋音化、鼻音化、濃音化、激音化、流音化について学習します。

1. 連音化：1字母パッチムの場合

① パッチムの次に「ㅇ」がくると、この「ㅇ」にパッチムが移って発音します。

　　발음 → [바름]（発音）　　　음악 → [으막]（音楽）

　　직업 → [지겁]（職業）　　　산업 → [사넙]（産業）

　　목요일 → [모교일]（木曜日）　한국어 → [한구거]（韓国語）

　　일본어 → [일보너]（日本語）　외국어 → [외구거]（外国語）

② パッチム「ㅎ」の次に「ㅇ」が続く時は、「ㅎ」は発音されません。

　　좋아요 → [조아요]（良いです）　쌓이다 → [싸이다]（積もる）

③ パッチム「ㅇ」は連音せずにそのまま発音します。後ろに続く母音は鼻音になります。

　　고양이 → [고양이]（猫）　　종이 → [종이]（紙）

2. 連音化：2字母パッチムの場合

2字母パッチムは、後ろに母音が来ない場合は2つのうちに片方しか発音しませんが、後ろに母音が来る場合は右側のパッチムが連音化します。

　　읽어요→ [일거요]（読みます）　　밟아요→ [발바요]（踏みます）

　　닭이→ [달기]（鶏が）　　젊어요→ [절머요]（若いです）

　　없어요→ [업서요]（ないです）　　앉아요→ [안자요]（座ります）

　　※많아요→ [마나요]（多いです）　괜찮아요→ [괜차나요]（大丈夫です）

3. 口蓋音化

① パッチム「ㄷ」、「ㅌ」の後に「이」が続く場合は、連音化された子音「ㄷ」、「ㅌ」は [ㅈ]、[ㅊ] と発音されます。

　　같이 → [가치]（一緒に）　　끝이 → [끄치]（終わりが）

　　붙이다 → [부치다]（貼る）　　굳이 → [구지]（あえて）

　　해돋이 → [해도지]（日の出）　　맏이 → [마지]（一番上の兄・姉）

②「ㄷ」パッチムの後の「히」は [치] と発音されます。

　　갇히다 → [가치다]（閉じこめられる）　굳히다 → [구치다]（固める）

　　닫히다 → [다치다]（閉まる）　　묻히다 → [무치다]（葬られる）

4. 鼻音化

終声「ㄱ（ㄲ, ㅋ, ㄳ, ㄺ）」「ㄷ（ㅅ, ㅆ, ㅈ, ㅊ, ㅌ, ㅎ）」「ㅂ（ㅍ, ㄼ, ㄿ, ㅄ）」は、「ㄴ」、「ㅁ」の前で、それぞれ [ㅇ] [ㄴ] [ㅁ] として発音されます。

　　국민 → [궁민]（国民）　　먹는다 → [멍는다]（食べる）

　　숙녀 → [숭녀]（淑女）　　받는다 → [반는다]（もらう）

　　몇 년 → [멷년 →면년]（何年）

5. 濃音化

終声「ㄱ（ㄲ, ㅋ, ㄳ, ㄺ）」「ㄷ（ㅅ, ㅆ, ㅈ, ㅊ, ㅌ）」「ㅂ（ㅍ, ㄼ, ㄿ, ㅄ）」の後に来る［ㄱ, ㄷ, ㅂ, ㅅ, ㅈ］は、濃音として発音されます。

    학교 → ［학꾜］（学校）　　낚시 → ［낙씨］（つり）

    작가 → ［작까］（作家）　　듣다 → ［듣따］（聞く）

    잡지 → ［잡찌］（雑誌）　　입구 → ［입꾸］（入り口）

    낮잠 →낟잠 → ［낟짬］（昼寝）　숫자 →숟자 → ［숟짜］（数字）

6. 激音化

平音の「ㄱ」「ㄷ」「ㅂ」「ㅈ」は、その前後に喉音の「ㅎ」が来ると、［ㅋ］［ㅌ］［ㅍ］［ㅊ］の激音として発音されます。

    축하 → ［추카］（祝賀）　　약혼 → ［야콘］（婚約）

    좋다 → ［조타］（良い）　　앓다 → ［알타］（患う）

    입학 → ［이팍］（入学）　　노랗다 → ［노라타］（黄色い）

    잊혀지다 → ［이쳐지다］（忘れる）　딱하다 → ［따카다］（気の毒だ）

7. 流音化

「ㄴ」が「ㄹ」の前か後ろに続くと、「ㄴ」はどちらも［ㄹ］と発音されます。

    신라 → ［실라］（新羅）　　설날 → ［설랄］（正月）

    일년 → ［일련］（一年）　　한류 → ［할류］（韓流）

    달님 → ［달림］（お月様）　편리 → ［펼리］（便利）

ただし、「ㄹ」が漢字語の接尾辞の場合は、「ㄴ＋ㄹ」→「ㄴ＋ㄴ」となります。

등산로 → [등산노] （登山路）

의견란 → [의견난] （意見欄）

음운론 → [음운논] （音韻論）

練習問題

1. 次のことばを発音通りに書いてみましょう。

	発音	意味		発音	意味		発音	意味
금요일			고양이			좋아요		
부엌이			젖어서			쌓이다		
외국어			놓으면			받아서		
음악			절약			앞에		

2. 次のことばを発音通りに書いてみましょう。

	発音	意味		発音	意味		発音	意味
같이			끝이			붙이다		
굳이			해돋이			맏이		
갇히다			굳히다			닫히다		

☞ 次の濃音・激音の単語を読んでみましょう。

학교→ [학꾜]（学校）

낚시→ [낙씨]（つり）

작가→ [작까]（作家）

듣다→ [듣따]（聞く）

입구→ [입꾸]（入り口）

잡지→ [잡찌]（雑誌）

축하→ [추카]（祝賀）

약혼→ [야콘]（婚約）

좋다→ [조타]（良い）

낮잠→ [낟잠→낟짬]（昼寝）

숫자→ [숟자→숟짜]（数字）

높다→놉다→ [놉따]（高い）

会話編

第 8 課
안녕하세요 ?

学習内容

- 簡単な自己紹介と挨拶
- 助詞 ~ 는 / 은（~は）
- ~입니다 . / ~입니까 ?（~です。/ ~ですか？）

 会話

리나 : 안녕하세요 ?
　　　처음 뵙겠습니다 .
　　　저는 스즈키 리나입니다 .
유민 : 안녕하세요 ?
　　　저는 김유민이라고 합니다 .
리나 : 유민 씨는 대학생입니까 ?
유민 : 네 , 대학생입니다 .
　　　리나 씨는요 ?
리나 : 저도 대학생입니다 .
유민 : 그래요 ? 반갑습니다 .
리나 : 앞으로 잘 부탁합니다 .

訳

里　奈： こんにちは
　　　　初めまして。
　　　　私は鈴木里奈です。
ユミン： こんにちは

　　　　　　　私はキムユミンと申します。
里　奈：ユミンさんは大学生ですか？
ユミン：はい、大学生です。
　　　　里奈さんは？
里　奈：私も大学生です。
ユミン：そうですか？（お会い出来て）嬉しいです。
里　奈：これからよろしくお願いします。

 単語と表現

처음 뵙겠습니다.	はじめまして。 （目上の人に使う時は、「初めてお目にかかります」の意味もあります。）
～입니다.	～です。
～입니까?	～ですか？
저	私
～ (이) 라고 합니다.	～といいます。～と申します。
만나서 반갑습니다.	お会いできてうれしいです。
～ 씨	～さん
대학생	大学生
앞으로	これから
잘 부탁합니다.	よろしくお願いします。

 **挨拶表現**

안녕
親しい人同士が会った時や別れる際に使う便利な挨拶。英語の hi! の感覚。

안녕하세요 ?
人に会った時に使う一般的な挨拶。

안녕하십니까 ?
丁重な感じの挨拶。

안녕히 계세요 .
'さようなら' 'お元気でお過ごし下さい' の意。
別れて去っていく人がその家や場所に残る人に対して行う挨拶。

안녕히 가세요 .
'さようなら' '気をつけてお帰り下さい' の意。
その家や場所に残る人が別れて去っていく人に対して行う挨拶。

안녕히 주무세요
おやすみなさい。
目上の相手に使う、寝る前に交わす挨拶。

잘 자요 / 잘 자
おやすみなさい / おやすみ。
同年代や目下の相手に使う、寝る前に交わす挨拶

文法

① ~는 / 은 （~は）

助詞「~는 / 은」（~は）は、名詞の最終音節にパッチムがなければ「는」、あれば「은」です。

　　친구는 （友達は） 학교는 （学校は）
　　사람은 （人は） 휴대폰은 （携帯電話は）

② ~입니다 .（~です。）

「~입니다 .」は「~だ / である」という意味の「~이다」の丁寧形です。
疑問文は「~입니까 ?」と語尾をあげて発音すると「~ですか ?」となります。

　　학생입니까 ?（学生ですか ?）
　　네 , 학생입니다 .（学生です。）
　　친구입니까 ?（友達ですか ?）
　　네 , 친구입니다 .（友達です。）

 練習問題

1. 名前を変えながら次の挨拶文の練習をしてみましょう。

　　A：김유민 씨, 안녕하십니까?

　　B：네, 안녕하세요?

　　A：리나 씨, 안녕히 가세요.

　　B：네, 안녕히 계세요.

2. 次の表の単語に～입니까?/ ～입니다. をつけて書いてみましょう。

	～입니까?	～입니다.
가수（歌手）		
의사（医者）		
학생（学生）		
선생님（先生）		

3. 次の表の単語を使って韓国語で自己紹介の練習をしてみましょう。

요리사(셰프) （シェフ）	공무원 （公務員）	회사원 （会社員）	경찰 （警察）
모델 （モデル）	프로게이머 （プロゲーマー）	유튜버 （ユーチューバー）	스타일리스트 （スタイリスト）

第 9 課
우리 가족사진이에요.

学習内容

- 会話体（～예요. / ～이에요.）
- 人称代名詞
- 助詞 ～도（～も）
- 名詞の否定形（～가/이 아니다.）
- 家族名称

会話

리나 : 유민 씨 가족사진이에요?

유민 : 네. 우리 가족사진이에요.
　　　 아버지, 어머니, 여동생 그리고 오빠예요.

리나 : 유민 씨 오빠도 대학생이에요?

유민 : 아니요, 오빠는 대학생이 아니에요. 회사원이에요.

리나 : 여동생은요?

유민 : 여동생은 고등학생이에요.

訳

里　奈 : ユミンさんの家族写真ですか？
ユミン : はい。うちの家族写真です。
　　　　 父、母、妹そして兄です。
里　奈 : ユミンさんのお兄さんも大学生ですか？
ユミン : いいえ、兄は大学生ではありません。会社員です。
里　奈 : 妹は？
ユミン : 妹は高校生です。

単語と表現

가족사진	家族写真
우리	私達
~이에요.	～です。(「～입니다」の「～아/어요」体)
아버지	父
어머니	母
여동생	妹
오빠	（妹からみて）兄
대학생	大学生
회사원	会社員
고등학생	高校生

家族名称

《가족의 명칭 / 家族の名称》

父方	母方
할아버지 ― 할머니	**외할아버지 ― 외할머니**
（祖父）（祖母）	（外祖父）（外祖母）
삼촌（伯父・叔父）	**외삼촌**（伯父・叔父）
고모（おば）	**이모**（おば）
아버지 / 아빠	**어머니 / 엄마**
（お父さん / 父ちゃん＝パパ）	（お母さん / 母ちゃん＝ママ）

형 / 오빠 ― 누나 / 언니 ― 나（私）― **여동생 ― 남동생**
　（兄）　　　（姉）　（男／女）　（妹）　（弟）

※私が男の場合、兄は「형」、姉は「누나」
　私が女の場合、兄は「오빠」、姉は「언니」と称します。

 **文法**

① **〜예요 / 〜이에요．(〜です。)**

「〜です。」という意味で、前に来る名詞の最後の文字にパッチムがない場合は「〜예요．」、パッチムがある場合は「〜이에요．」になります。

 친구예요．（友達です。）
 학생이에요．（学生です。）

疑問文は「〜예요 / 〜이에요？」と語尾をあげて発音すると「〜ですか？」となります。

 친구예요？（友達ですか？）
 학생이에요？（学生ですか？）

② **人称代名詞 (인칭 대명사)**

1人称代名詞	2人称代名詞	3人称代名詞
저 (저희 / 저희들) 나 (우리 / 우리들)	너 (너희들), 자네 / 당신 / 댁 (들)	그 / 그녀 (들)
私《謙譲》（私たち） 私・僕・俺（私たち）	お前（お前たち）、 君 / あなた / お宅（達）	彼 / 彼女（達）

そのほか、未知称と不定称があります。
未知称：어느 분（どなた），누구（誰），누가（誰が），
不定称：아무（誰），아무분（どなた）

※人称代名詞の後ろに「〜가」（〜が）が付くと変形する。
 누구（誰）→ 누가 (누구는, 누구를, 누구와)（누구가×）
 나（俺、私）/ 저（私）→ 내가 / 제가 (나는 / 저는, 나를 / 저를, 나와 / 저와)
 (저가×)
 너（お前、君）→ 네가 (너는, 너를, 너와)（너가×）

③ **〜도（〜も）**

 日本語の「〜も」とだいたい同じ意味を持つ助詞です。
 선생님도（先生も）　가방도（カバンも）
 친구도（友達も）　학생도（学生も）　내일도（明日も）

④ 名詞の否定形

「名詞＋가 / 이 아니다」は「名詞＋ではない（じゃない）」の意味で、名詞にパッチムがない場合は「名詞＋가 아니에요．（아닙니다．）」、名詞にパッチムがある場合は「名詞＋이 아니에요．（아닙니다．）」となります。

　　친구가 아니에요．（友達ではありません。）
　　학생이 아니에요．（学生ではありません。）

 練習問題

1. 次の表の単語に～예요 / ～이에요をつけて話してみましょう。

	～예요． / ～이에요．	～예요？/ ～이에요？
그는 학생 （彼は学生）		
이 분은 이모 （この方はおば）		
그녀는 의사 （彼女は医師）		

2. 例にならって答えを書いてみましょう。

　例）리나 씨 아버지는 셰프예요？
　　　네, 셰프예요．
　　　아니요, 셰프가 아니에요．

　① 리나 씨는 일본사람이에요？
　　　네, ＿＿＿＿＿＿＿＿＿＿＿＿＿＿＿＿＿
　　　아니요, ＿＿＿＿＿＿＿＿＿＿＿＿＿＿＿

　② 친구도 1학년이에요？
　　　네, ＿＿＿＿＿＿＿＿＿＿＿＿＿＿＿＿＿
　　　아니요, ＿＿＿＿＿＿＿＿＿＿＿＿＿＿＿

　③ 리나 씨 오빠는 프로게이머예요？
　　　네, ＿＿＿＿＿＿＿＿＿＿＿＿＿＿＿＿＿
　　　아니요, ＿＿＿＿＿＿＿＿＿＿＿＿＿＿＿

3. 自分の家族を紹介してみましょう。

第 10 課
지금 도서관에 있습니까 ?

学習内容
- 助詞 ～에（～に）
- 存在詞（있습니다 . / 없습니다 .）
- 動 / 形＋ㅂ니다 . / 습니다 .（です / ます体）
- 曜日

会話

유민 : 리나 씨 지금 도서관에 있습니까 ?

리나 : 아니요 , 동아리방에 있어요 .

유민 : 동아리방은 어디에 있습니까 ?

리나 : 도서관 뒤에 있어요 .

유민 : 토요일도 동아리 활동을 합니까 ?

리나 : 네 , 동아리 활동은 수요일과 토요일에 합니다 .

訳

ユミン : 里奈さん、今図書館にいますか？

里　奈 : いいえ、サークルルームにいます。

ユミン : サークルルームはどこにありますか？

里　奈 : 図書館の後ろにあります。

ユミン : 土曜日もサークル活動をしますか？

里　奈 : はい、サークル活動は水曜日と土曜日にします。

単語と表現

도서관	図書館
있습니까?	いますか？／ありますか？
동아리	サークル
~에	～に（時間や位置を表す助詞）
있습니다.	います。／あります。
토요일	土曜日
활동	活動
수요일	水曜日

 よく使う助詞

는/은	가/이	를/을	와/과, 하고, 랑/이랑	에	에서	도
は	が	を	と	に	で（場所）	も

 文法

① ~에（～に）

　　時間や位置を表す助詞で、日本語の「～に」とほとんど同じ意味です。
　　一緒によく使われる、下の単語も覚えましょう。

前	後	横	上	下	中	外	間	右側	左側
앞	뒤	옆/곁	위	아래/밑	안/속	밖/바깥	사이	오른쪽	왼쪽

　　　　학교 앞에 편의점이 있습니다.（学校の前にコンビニがあります。）
　　　　편의점 오른쪽에 공원이 있습니다.（コンビニの右側に公園があります。）
　　　　가방 안에 책이 있습니다.（カバンの中に本があります。）
　　　　테이블 위에 꽃이 있습니다.（テーブルの上に花があります。）

② 存在詞　있습니다.(います。/あります。) 없습니다.(いません。/ありません。)
　「있습니다.」は「ある・いる」という意味の「있다」の丁寧形、「없습니다.」は「ない・いない」という意味の「없다」の丁寧形です。
　「있어요.」は，「ある・いる」という意味の会話体です。「없어요.」は「ない・いない」という意味の会話体です。
　韓国語では人・動物と物とを区別せず、存在するときは「있다」、存在しない時は「없다」を使います。

　　　교실에 친구가 있습니다．（教室に友達がいます。）
　　　오전에 수업이 있어요．（午前に授業があります。）
　　　토요일에 콘서트가 있어요．（土曜日にコンサートがあります。）
　　　교실에 아무도 없습니다．（教室にだれもいません。）
　　　지갑에 돈이 없습니다．（財布にお金がありません。）

③ 動／形＋ㅂ니다．／습니다．(です／ます体)
　動詞、形容詞の語幹に付いて「～です／～ます」の意を表す。
　疑問形はㅂ니까？／습니까？の形になります。

・語幹が母音で終わる場合（母音語幹）

基本形	叙述形	疑問形
가다（行く）	갑니다	갑니까？
마시다（飲む）	마십니다	마십니까？

・語幹がㄹで終わる場合（ㄹ語幹）

基本形	叙述形	疑問形
놀다（遊ぶ）	놉니다	놉니까？
만들다（作る）	만듭니다	만듭니까？

・語幹が子音で終わる場合（子音語幹）

基本形	叙述形	疑問形
먹다（食べる）	먹습니다	먹습니까？
읽다（読む）	읽습니다	읽습니까？

④ 曜日

月曜日	火曜日	水曜日	木曜日	金曜日	土曜日	日曜日
월요일	화요일	수요일	목요일	금요일	토요일	일요일

※連音化に注意！

월요일 [워료일], 목요일 [모교일], 금요일 [그묘일], 일요일 [이료일]

 練習問題

1. 例にならって、対話を完成させましょう。

例) 볼펜은 있습니까？（ボールペンはありますか？）
　　아니요, 볼펜은 없습니다. 연필이 있습니다.（いいえ。ボールペンはありません。鉛筆があります。）

① 티슈（ティッシュ）/ 손수건（ハンカチ）
② 현금（現金）/ 카드（カード）
③ 개（いぬ）/ 고양이（ねこ）
④ 홍차（紅茶）/ 커피（コーヒー）

2. 次の文を있어요. 없어요を用いて韓国語に訳してみましょう。

① 日曜日は約束があります。

② 木曜日は時間がありません。

③ 火曜日は図書館にいます。

3. 例にならって、ㅂ니다/습니다体にしてみましょう。

例) 학교（学校）/ 가다（行く）→ 학교에 갑니다.（学校に行きます。）
① 커피（コーヒー）/ 마시다（飲む）
② 아이（子ども）/ 울다（泣く）
③ 책（本）/ 읽다（読む）
④ 도서관（図書館）/ 공부하다（勉強する）
⑤ 한국어（韓国語）/ 배우다（習う）

第 11 課
저 모자는 얼마예요 ?

学習内容
・指示代名詞
・〜네요．(〜ですね。/〜ますね。)
・漢数詞
・助詞 〜에서（〜で）

会話

점원 : 어서 오세요．

유민 : 이 티셔츠 예쁘네요．얼마예요 ?

점원 : 그 티셔츠는 5000 엔이에요．

유민 : 저 모자는 얼마예요 ?

점원 : 저것은 3500 엔이에요．6 월 15 일까지 세일 중이에요．

유민 : 이것도 세일이에요 ?

점원 : 네．우리 가게에서 제일 인기예요．

유민 : 그럼 이거 주세요．

訳

店　員：いらっしゃいませ。
ユミン：このＴシャツかわいいですね。いくらですか？
店　員：そのＴシャツは 5000 円です。
ユミン：あの帽子はいくらですか？
店　員：あれは 3500 円です。6 月 15 日までセール中です。
ユミン：これもセールですか？

店　員：はい。私たちの（この）お店で一番人気です。
ユミン：では、これください。

単語と表現

점원	店員
어서 오세요	いらっしゃいませ
티셔츠	Tシャツ
예쁘네요	かわいいですね。（基本形「예쁘다」＋感嘆の「～네요」）
얼마예요？	いくらですか？
～이에요	～です。（「～입니다」の「～아/어요」体）
모자	帽子
～까지	～まで
세일 중이에요	セール中です。
주세요	ください。

韓国の祝祭日

1月1日	신정　新正
旧暦1月1日	구정 / 설날　旧正月
3月1日	삼일절　三一節
5月5日	어린이날　子どもの日
旧暦4月8日	부처님 오신날　お釈迦さまのお誕生日
6月6日	현충일　顕忠日
8月15日	광복절　光復節
旧暦8月15日	추석　秋夕
10月3日	개천절　開天節
10月9日	한글날　ハングルの日
12月25日	크리스마스　クリスマス

 **文法**

① 指示代名詞（'이・그・저・어느'（コソアド））

話者との位置	近距離	中距離	遠距離	未知の場合	不定の場合
対象物	이 （この）	그 （その）	저 （あの）	어느 （どの）	
事物	이것 （これ） 이거	그것 （それ） 그거	저것 （あれ） 저거	어느것 / 무엇 （どれ / 何） 어느거	아무것 （何） 아무거
場所	여기 （ここ）	거기 （そこ）	저기 （あそこ）	어디 （どこ）	아무데 （どこ）
方向	이곳 / 이쪽 （こちら）	그곳 / 그쪽 （そちら）	저곳 / 저쪽 （あちら）	어느곳 / 어느쪽 （どちら）	아무곳 / 아무쪽 （どちら）

※人の場合は指示代名詞＋사람（尊称としては'분'を付ける）
　　이 사람 / 이 분
※一般的に「이것 / 그것 / 저것＋은」を略して「이건 / 그건 / 저건」とする

② ～네요．（～ですね。/ ～ますね。）
　　「～네요．」は用言の語幹について、気づきや発見による感嘆の意味を表します。また、語幹がㄹパッチムの場合は、ㄹパッチムが脱落するので注意です。
　　아이가 울다．（子どもが泣く。）→ 아이가 우네요．（子どもが泣いてますね。）
　　학교가 멀다．（学校が遠い。）→ 학교가 머네요．（学校が遠いですね。）
　　사람이 없다．（人がいない。）→ 사람이 없네요．（人がいないですね。）
　　저 사람도 가수다．（あの人も歌手だ。）→ 저 사람도 가수네요．（あの人も歌手ですね。）
　　저 분도 학생이다．（あの方も学生だ。）→ 저 분도 학생이네요．（あの方も学生ですね。）

③ 漢数詞
　　韓国語にも日本語と同じく漢数詞と固有数詞の2種類の数詞があります。漢数詞は、漢字語の数字で、年月日や分、秒、日、級、番地、トン、メートルなどの単位などを表す時に使います。

1	2	3	4	5	6	7	8	9	10
일	이	삼	사	오	육	칠	팔	구	십

0: 공 / 영, 20: 이십, 30: 삼십, 40: 사십, 50: 오십, 60: 육십, 70: 칠십, 80: 팔십, 90: 구십, 100: 백, 千: 천, 万: 만, 億: 억, 兆: 조

※ 1千と1万の場合は1の数字を外して천, 만 だけをいうので注意。

日付：〜월〜일（〜月〜日）

1月	2月	3月	4月	5月	6月	7月	8月	9月	10月	11月	12月
일월	이월	삼월	사월	오월	유월	칠월	팔월	구월	시월	십일월	십이월

오늘은 몇 월 며칠이에요？（今日は何月何日ですか？）
― 유월 삼일이에요 (6月3日です。)
※発音注意！ 몇 월 며칠 [며 둴 며칠], 십육일 [심뉴길]

전화번호가 몇 번이에요？（電話番号は何番ですか？）
― 090-1234-5678 이에요. (공구공의 [에] 일이삼사의 [에] 오육칠팔이에요.)
얼마예요？（いくらですか？）
― 16,000원이에요. (만육천 원이에요.)
생일은 몇 월이에요？（誕生日は何月ですか？）
― 8월이에요. (팔월 [파뤌] 이에요.)
몇 년생이에요？（何年生まれですか？）
― 2006년생이에요. (이천육 년생이에요.)

④ 〜에서（〜で）
　　場所や位置を表す助詞で、日本語の「〜で」とほとんど同じ意味です。
　　　학교에서（学校で）　교실에서（教室で）

 練習問題

1. 例にならって、「〜네요 .」の形に変えてみましょう。

例) 오늘은 춥다 .(今日は寒い。) → 오늘은 춥네요 .(今日は寒いですね。)

① 날씨가 좋다 .(天気がいい。)

② 옷이 비싸다 .(服が高い。)

③ 월요일은 바쁘다 .(月曜日は忙しい。)

④ 비가 오다 .(雨が降る。)

⑤ 저기 있다 .(あそこにいる。)

2. 次の数字の読み方を韓国語で書いてみましょう。

① 54,000원

② 090-9876-5432

③ 2030년 12월 25일

④ 17층

⑤ 45분

3. 例にならって、文を作ってみましょう。

例) 한국어(韓国語)/2교시(2 限) → 한국어는 2교시입니다 .(韓国語は２限です。)

① 저는(私)/1학년(1 年生)

② 이 가방(この鞄)/10000원(10000 ウォン)

③ 친구 생일(友達の誕生日)/ 7월 16일(7 月 16 日)

④ 여동생(妹)/2015년생(2015 年生まれ)

⑤ 교실(教室)/203호(203 号)

4. 次の会話を完成させましょう。

A : 전화번호가 몇 번이에요?

B : 제 전화번호는 _____.

A : 생일은 언제예요?

B : 제 생일은 _____.

5. 友達の電話番号と誕生日を聞いてみましょう。

이름	전화번호	생일

第 12 課
파티는 몇 시부터 몇 시까지예요?

学習内容
- 時間
- 固有数詞
- 様々な助数詞
- ～ㄹ/을까요？（～しましょうか？）

 会話

유민 : 리나 씨, 7월 2일에 시간 있어요?
리나 : 네, 왜요?
유민 : 준서 씨의 생일 파티가 있어요.
리나 : 그래요? 파티는 몇 시부터 몇 시까지예요?
유민 : 6시부터 8시까지예요.
리나 : 네, 괜찮아요.
유민 : 역에서 만나서 같이 갈까요?

訳

ユミン : 里奈さん、7 月 2 日に時間ありますか？
里 奈 : はい、どうしてですか？
ユミン : ジュンソさんの誕生日パーティーがあります。
里 奈 : そうですか？パーティーは何時から何時までですか？
ユミン : 6 時から 8 時までです。
里 奈 : はい。大丈夫です。
ユミン : 駅で会っていっしょに行きましょうか？

単語と表現

시간	時間
왜요?	どうしてですか？なんでですか？
~의	~の
생일 파티	誕生日パーティー
그래요?	そうですか？
몇 시	何時
~부터 ~까지	~から~まで
괜찮아요	大丈夫です。

 무슨 띠예요？（干支は何ですか？）

동물	쥐	소	호랑이	토끼	용	뱀	말	양	원숭이	닭	개	돼지
動物	鼠	牛	虎	兎	龍	蛇	馬	羊	猿	鶏	犬	豚
십이지	자	축	인	묘	진	사	오	미	신	유	술	해
十二支	子	丑	寅	卯	辰	巳	午	未	申	酉	戌	亥

 文法

① 固有数詞

固有数詞は人数、頭数、個数、時間や回数、年齢を数える時に使われます。

1つ	2つ	3つ	4つ	5つ	6つ	7つ	8つ	9つ	10
하나	둘	셋	넷	다섯	여섯	일곱	여덟	아홉	열
11	20	30	40	50	60	70	80	90	99
열하나	스물	서른	마흔	쉰	예순	일흔	여든	아흔	아흔아홉

※固有数詞は 1～4 と 20 が助数詞や名詞の前で変化するので注意。
　　하나＋명（名）→ 한 명，둘＋시（時）→ 두 시，셋＋개（個）→ 세 개
　　넷＋마리（匹）→ 네 마리，스물＋살（歳）→ 스무 살

固有数詞と一緒に使われる主な助数詞も覚えましょう。

日本語	韓国語	例	日本語	韓国語	例
〜個	개	한 개	〜枚	장	스무 장
〜回	번	두 번	〜匹	마리	열두 마리
〜時	시	열한 시	〜名	명	열세 명
〜歳	살	열여덟 살	〜人	사람	한 사람
〜杯	잔	다섯 잔	〜冊	권	여섯 권
〜台	대	네 대	〜着	벌	열 벌
〜本	병	세 병	〜月（つき）	달	한 달

② 〜ㄹ / 을까요？（〜しましょうか？）

動詞の語幹に付いて提案や相手の意向を確認する意を表す。

・母音語幹＋ㄹ까요？（〜ましょうか？）
　같이 도서관에 갈까요？（一緒に図書館に行きましょうか？）
　같이 과제를 할까요？（一緒に課題をやりましょうか？）
　주말에 영화를 볼까요？（週末に映画を観ましょうか？）

・子音語幹＋을까요？（〜ましょうか？）
　내일 점심 같이 먹을까요？（明日ランチ一緒に食べましょうか？）
　함께 책을 읽을까요？（一緒に本を読みましょうか？）
　저기에 앉을까요？（あそこに座りましょうか？）

・ㄹ語幹＋ㄹ까요？（〜ましょうか？）
　창문을 열까요？（窓を開けましょうか？）
　공원에서 놀까요？（公園で遊びましょうか？）
　김밥을 먹을까요？（キンパを食べましょうか？）

 練習問題

1. 次の時間をハングルで書きましょう。

① 3 시 ＿＿＿＿＿＿＿＿＿＿　② 11 시 ＿＿＿＿＿＿＿＿＿＿
③ 8 시 ＿＿＿＿＿＿＿＿＿＿　④ 6 시 ＿＿＿＿＿＿＿＿＿＿
⑤ 4 시 15 분 ＿＿＿＿＿＿＿＿　⑥ 12 시 30 분 ＿＿＿＿＿＿＿＿

⑦ 7 시 58 분 ＿＿＿＿＿＿＿＿＿   ⑧ 10 시 16 분 ＿＿＿＿＿＿＿＿＿

2. 次の助数詞を訳してみましょう。

① 本が 10 冊あります。
책이 열 （　　） 있어요.
② 子犬が 1 匹います。
강아지가 한 （　　） 있어요.
③ 生ビール二杯ください。
생맥주 두 （　　） 주세요.
④ 子どもは 5 名です。
아이는 다섯 （　　）이에요.
⑤ 週 3 回運動します。
일주일에 세 （　　） 운동해요.

3. 次のスケジュールを見て、下線部に～から～まで～부터 ～까지と適切な時間を用いて文を完成させましょう。

오전 10:00~ 오후 4:00 수업이 있다. (화요일)
오후 5:00~9:00 알바가 있다. (월요일, 목요일)
오전 8:00~10:00 동아리 활동이 있다. (토요일)

화요일은＿＿＿＿＿＿＿＿＿＿＿＿수업이 있어요.
월요일과 목요일은 ＿＿＿＿＿＿＿＿＿ 알바가 있어요.
토요일에는 ＿＿＿＿＿＿＿＿ 동아리 활동이 있어요.

4. 例にならって「～ㄹ/을 까요？」の文を作ってみましょう。

例) 산(山)/ 가다(行く)→(산에 갈까요？)
① 창문(窓)/ 열다(開ける)
② 사진(写真)/ 찍다(撮る)
③ 앞(前)/ 앉다(座る)
④ 택시(タクシー)/ 타다(乗る)
⑤ 내일(明日)/ 만나다(会う)

第 13 課
주말에는 무엇을 해요 ?

学習内容
- 助詞 ～를 / 을（～を）
- ～아 / 어요．（会話体～ます．/ です．）
- 안 ～，～지 않아요．（用言の否定）

 会話

준서 : 리나 씨, 주말에는 무엇을 해요 ?
리나 : 도서관에서 한국어 공부를 해요．
준서 : 한국어는 재미있어요 ?
리나 : 네, 아주 재미있어요．
준서 : 어떻게 공부해요 ?
리나 : 한국 노래도 듣고 드라마도 봐요．
준서 : 한국 영화는 안 봐요 ?
리나 : 영화는 잘 보지 않아요．

訳

ジュンソ：里奈さん、週末には何をしますか？
里　　奈：図書館で韓国語の勉強をします。
ジュンソ：韓国語は楽しいですか？
里　　奈：はい、とても楽しいです。
ジュンソ：どのように勉強してますか？
里　　奈：韓国の歌も聴いて、ドラマも見ます。
ジュンソ：韓国映画は見ませんか？
里　　奈：映画はあまり見ません。

単語と表現

주말	週末
~에	~に（時間や時期を表す助詞）
무엇	何
~을 / 를	~を（対象を表す格助詞） 前に付く名詞にパッチムがある場合は「~을」、パッチムがない場合は「~를」
합니까?	しますか？（基本形「하다」の丁寧な疑問形）
도서관	図書館
한국어	韓国語
공부	勉強
재미있어요?	面白いですか？（基本形「재미있다」）
재미있어요.	面白いです。
어떻게	どのように
노래	歌
드라마	ドラマ
영화	映画
가끔	たまに

 国の名称

태국	タイ	헝가리	ハンガリー
영국	イギリス	러시아	ロシア
독일	ドイツ	멕시코	メキシコ
프랑스	フランス	오스트레일리아	オーストラリア
미국	アメリカ	네덜란드	オランダ

文法

① ～를 / 을（～を）

「～를 / 을」は日本語の「～を」にあたる助詞です。パッチムがない場合は「를」、ある場合は「을」です。

차를 마셔요 .（お茶を飲みます。）
전철을 타요 .（電車に乗ります。）
아침을 먹어요 .（朝ご飯を食べます。）

② ～아 / 어요 .（～ます。/ です。）

用言の「～ます。/ です。」という丁寧な表現は、「～ㅂ니다 . /~ 습니다 .」の他にも、「～아 / 어요 .」があります。「～ㅂ니다 . /~ 습니다 .」よりも「～아 / 어요 .」のほうがより柔らかく、親しみやすい口語体の会話でよく使われる言い方です。

用言の語幹が陽母音（ㅏ, ㅗ）の場合は「～아요 .」、陰母音（ㅏ, ㅗ 以外）の場合は「～어요 .」がつきます。

陽母音（ㅏ, ㅗ）　　　알다（知る）　　알＋아요 → 알아요
　　　　　　　　　　좋다（良い）　　좋＋아요 → 좋아요
陰母音（ㅏ, ㅗ 以外）먹다（食べる）　먹＋어요 → 먹어요
　　　　　　　　　　멀다（遠い）　　멀＋어요 → 멀어요

また、母音語幹の場合（語幹の最後にパッチムがない場合）は様々な縮約が起こります。

ㅏ＋아요 → ㅏ요　：가다（行く）　　가　＋아요 → 가요
ㅗ＋아요 → ㅘ요　：오다（来る）　　오　＋아요 → 와요
ㅓ＋어요 → ㅓ요　：건너다（渡る）　건너＋어요 → 건너요
ㅐ＋어요 → ㅐ요　：보내다（送る）　보내＋어요 → 보내요
ㅔ＋어요 → ㅔ요　：세다（強い）　　세　＋어요 → 세요
ㅕ＋어요 → ㅕ요　：펴다（広げる）　펴　＋어요 → 펴요
ㅣ＋어요 → ㅕ요　：마시다（飲む）　마시＋어요 → 마셔요
ㅜ＋어요 → ㅝ요　：배우다（学ぶ）　배우＋어요 → 배워요
ㅚ＋어요 → ㅙ요　：되다（なる）　　되　＋어요 → 돼요

※「하다」は「하여요」となり、縮約されて「해요」になります。

공부하다 → 공부해요

③ 안 ～, ～지 않아요.　用言の否定

用言の否定は、用言の前に「안 ～」をつける前置き否定形と、用言の語幹に「～지 않아요.（基本形～지 않다）」をつける後置き否定形の2つのパターンがあります。意味はどちらとも「～（し）ません。」となります。

　　저는 그 학교에는 안 가요.（私はその学校には行きません。）
　　저는 그 학교에는 가지 않아요.（私はその学校には行きません。）

※「名詞＋하다」の形の用言の否定形は、「안」を使う場合、名詞の前に「안」は来れないので注意

　　안 공부해요.（×）　공부 안 해요. / 공부하지 않아요.（○）

基本形	안 ～（前置き否定形）	～지 않아요.（後置き否定形）
가다（行く）	안 가요.	가지 않아요.
보다（見る）	안 봐요.	보지 않아요.
하다（する）	안 해요.	하지 않아요.
놀다（遊ぶ）	안 놀아요.	놀지 않아요.
울다（泣く）	안 울어요.	울지 않아요.
길다（長い）	안 길어요.	길지 않아요.
먹다（食べる）	안 먹어요.	먹지 않아요.
앉다（座る）	안 앉아요.	앉지 않아요.
읽다（読む）	안 읽어요.	읽지 않아요.
작다（小さい）	안 작아요.	작지 않아요.
적다（少ない）	안 적어요.	적지 않아요.
많다（多い）	안 많아요.	많지 않아요.

※否定形として異なる単語がある場合に注意

　알다（知る）⇔ 모르다（知らない），맛있다（美味しい）⇔ 맛없다（まずい）

 練習問題

1. 用言の形を変えて次の表を埋めましょう。

基本形	～아/어요.	～아/어요?	안 ～아/어요.	～지 않아요.
오다（来る）				
자다（寝る）				
사다（買う）				
주다（あげる）				
놀다（遊ぶ）				
살다（住む）				
받다（もらう）				
믿다（信じる）				
비싸다（高い）				
멀다（遠い）				
달다（甘い）				
괜찮다（大丈夫だ）				
있다（いる/ある）				
없다（いない/ない）				
좋다（良い）				

2. 次の文を「〜지 않아요」否定形と「안 〜아 / 어요」否定形に答えてみましょう。

① 사람이 많아요? (人が多いですか？)
　아니요, _____?
　아니요, _____?

② 가방이 비싸요? (カバンが高いですか？)
　아니요, _____?
　아니요, _____?

③ 집이 멀어요? (家が遠いですか？)
　아니요, _____?
　아니요, _____?

④ 빌딩이 높아요? (ビルが高いですか？)
　아니요, _____?
　아니요, _____?

3. 下線部を埋めて次の対話を完成させましょう。

① 토요일에 학교에 가요? (土曜日は学校に行きますか？)
　아니요, 토요일은 학교에_____.

② 매일 아침을_____? (毎日、朝ごはんを食べますか？)
　네, 매일 아침을 먹어요.

③ 한국 드라마를 자주 봐요? (韓国のドラマをよく観ますか？)
　네, 한국 드라마를 자주_____.

④ 남동생이 있어요? (弟がいますか？)
　아니요, 남동생은_____.

第 14 課
K-POP 은 언제부터 좋아했어요 ?

学習内容
- 過去形の作り方
- 動詞の語幹＋아 / 어 보다（動詞の語幹＋てみる）

会話

유민 : 슌 씨는 전공이 뭐예요 ?
슌　 : 제 전공은 수학이에요 .
유민 : K-POP（케이팝）은 언제부터 좋아했어요 ?
슌　 : 꽤 오래됐어요 . 중학생 때부터였어요 .
유민 : 한국에도 가 봤어요 ?
슌　 : 네 , 작년 여름 방학에 가족 여행으로 갔다 왔어요 .
　　　 너무 좋았어요 .

訳

ユミン：シュンさん、専攻は何ですか？
俊　　：私の専攻は数学です。
ユミン：K-POP はいつから好きでしたか？
俊　　：かなり長いんです。中学生の時からでした。
ユミン：韓国にも行ってみましたか？
俊　　：はい、昨年の夏休みに家族旅行で行ってきました。
　　　　とても良かったです。

単語と表現

전공	専攻
언제부터	いつから
좋아했어요?	好きでしたか？（基本形「좋아하다」）
꽤	かなり、ずいぶん
오래됐어요.	長くなりました（長い時間が経ちました）（基本形「오래되다」）
가 봤어요?	行ってみましたか？（基本形「가 보다」）
여름방학	夏休み
가족여행으로	家族旅行で
갔다 왔어요.	行ってきました。（基本形「갔다 오다」）
좋았어요.	良かったです。（基本形「좋다」）

 趣味

등산	登山	사진 찍기	写真を撮ること
음악감상	音楽鑑賞	노래 부르기	歌を歌うこと
그림 그리기	絵を描くこと	온라인 게임	オンラインゲーム
야구	野球	배구	バレーボール
농구	バスケットボール	축구	サッカー

 文法

① 過去形の作り方
・動詞、形容詞の過去形は、語幹末が陽母音「ㅏ, ㅗ」の場合は「語幹＋～았다」、語幹末が陰母音「ㅏ, ㅗ以外」の場合は、「語幹＋～었다」になります。

・陽母音語幹の例

사다（買う）	사 + 았다	샀다	샀습니다 / 샀어요
보다（見る）	보 + 았다	봤다	봤습니다 / 봤어요
달다（甘い）	달 + 았다	달았다	달았습니다 / 달았어요
앉다（座る）	앉 + 았다	앉았다	앉았습니다 / 앉았어요
닫다（閉める）	닫 + 았다	닫았다	닫았습니다 / 닫았어요

・陰母音語幹の例

다니다（通う）	다니 + 었다	다녔다	다녔습니다 / 다녔어요
배우다（学ぶ）	배우 + 었다	배웠다	배웠습니다 / 배웠어요
멀다（遠い）	멀 + 었다	멀었다	멀었습니다 / 멀었어요
웃다（笑う）	웃 + 었다	웃었다	웃었습니다 / 웃었어요
열다（開ける）	열 + 었다	열었다	열었습니다 / 열었어요

・「하다」用言の場合、「した」の形は「하＋였다」が「했다」に縮約します。

공부하다（勉強する）	공부 + 하였다	공부했다	공부했습니다 / 공부했어요
노래하다（歌う）	노래 + 하였다	노래했다	노래했습니다 / 노래했어요
좋아하다（好きだ）	좋아 + 하였다	좋아했다	좋아했습니다 / 좋아했어요
싫어하다（嫌いだ）	싫어 + 하였다	싫어했다	싫어했습니다 / 싫어했어요
편리하다（便利だ）	편리 + 하였다	편리했다	편리했습니다 / 편리했어요

・「名詞＋だった」は、パッチムの有無によって「～였다 / 이었다」に、否定形は「～가 / 이 아니었다」の形になります。

배우이다（俳優だ）	배우였다	배우였습니다 / 배우였어요
휴일이다（休日だ）	휴일이었다	휴일이었습니다 / 휴일이었어요
진짜가 아니다 （本物ではない）	진짜가 아니었다	진짜가 아니었습니다 / 진짜가 아니었어요
사실이 아니다 （事実ではない）	사실이 아니었다	사실이 아니었습니다 / 사실이 아니었어요

② 動詞の語幹＋아 / 어 보다（動詞の語幹＋てみる）

ある行動を試してみることを提案したり、試した経験があるという意味で使われる「〜어／어／해 보다」は、「動詞の陽母音語幹＋아 보다」「動詞の陰母音語幹＋어 보다」、하다動詞は「〜 해 보다」の形になります。

・그 사람을 한 번 만나 보세요．（その人に一度会ってみて下さい。）
・이 의자에 앉아 보세요．（この椅子に座ってみて下さい。）
・문을 밀어 보세요．（ドアを押してみて下さい。）
・노래해 보세요．（歌ってみて下さい。）

・유자차를 마셔 봤어요．（柚子茶を飲んでみました。）
・한국요리를 먹어 봤어요．（韓国料理を食べてみました。）
・떡볶이를 만들어 봤어요．（トッポギを作ってみました。）
・운전해 봤어요？（運転してみましたか？）

 練習問題

1. 例にならって、直してみましょう。

例）어제는 비가 오다．
→ 어제는 비가 왔습니다（왔어요）．

① 시부야에서 친구를 만나다．

② 대학에서 한국어를 배우다．

③ 날씨가 좋다．

④ 음식이 달다．

2. 適切な助詞を入れて「〜してみてください」の文を作ってみましょう。

例) 한국 소설(韓国の小説)/ 읽다(読む)
→ 한국 소설을 읽어 보세요.(韓国の小説を読んでみてください)

① 잡채 (チャプチェ)/ 만들다(作る)

② 제주도(済州島)/ 가다(行く)

③ 이 옷(この服)/ 입다(着る)

④ 저 구두(あの靴)/ 신다(履く)

⑤ 저 의자(あの椅子)/ 앉다(座る)

⑥ 그 사람(その人)/ 만나다(会う)

3. 例にならって「〜네 / 〜아니요」で答えてみましょう。

例) 부산에 가 봤어요?(釜山に行ってみましたか?)
→ 네, 가 봤어요.
→ 아니요, 안 가 봤어요.

① 한국 소설 읽어은 봤어요?(韓国の小説は読んでみましたか?)

② 한복은 입어 봤어요?(韓服は着てみましたか?)

③ 인생네컷은 찍어 봤어요?(人生4カットは撮ってみましたか?)

대한민국(한국)
大韓民国(韓国)

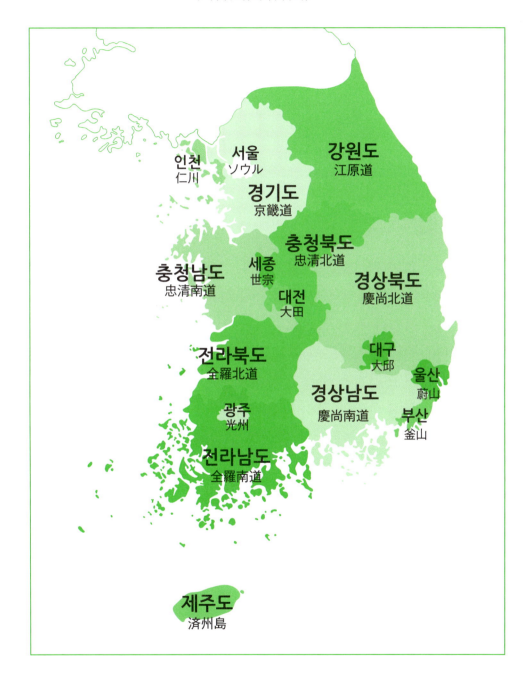

第 15 課
김밥을 만들고 싶어요.

学習内容
・依頼の表現（～아 / 어 / 여 주세요.）
・願望、希望の表現（～고 싶다）

 会話

리나 : 유민 씨, 요리를 잘해요?
유민 : 네, 한국 음식을 자주 만들어요.
　　　김밥은 자신 있어요.
리나 : 정말요? 가르쳐 주세요.
　　　저도 김밥을 만들고 싶어요.
유민 : 그럼 주말에 같이 만들까요?
리나 : 좋아요. 떡볶이도 만들어 보고 싶어요.

訳

里　奈： ユミンさん、料理上手ですか？
ユミン： はい、韓国料理をよく作ります。
　　　　キンパは自信があります。
里　奈： 本当ですか？　教えてください。
　　　　私もキンパを作りたいです。
ユミン： そしたら週末に一緒に作りましょうか？
里　奈： 良いです。トッポギも作ってみたいです。

単語と表現

잘해요？	上手ですか？
자주	頻繁に。頻度を表す副詞。
김밥	キンパ
자신 있어요.	自信があります。
정말요？	本当ですか？
만들고 싶어요.	作りたいです。（基本形「만들다」）
가르쳐 주세요.	教えてください。（基本形「가르치다」）
먹고 싶어요.	食べたいです。（基本形「먹다」）
그럼	それでは

 ## 韓国料理

삼계탕	설렁탕	순두부찌개	국밥	냉면
전	잡채	짜장면	비빔밥	닭갈비

 ## 文法

① ～아 / 어 주세요. (～（し）てください。)

「～아 / 어 주세요」は、相手に依頼や丁寧な命令を表す時の終結語尾です。より丁寧な表現として「～아 / 어 주십시오.」があります。

陽母音語幹 + 아 주세요	陽母音語幹 + 아 주십시오
陰母音語幹 + 어 주세요	陰母音語幹 + 어 주십시오
하다（動詞）→ 해 주세요	하다（動詞）→ 해 주십시오

　가다（行く）→　가 주세요. / 가 주십시오.
　오다（来る）→　와 주세요. / 와 주십시오.
　만들다（作る）→　만들어 주세요. / 만들어 주십시오.

밀다 (押す) →　밀어 주세요. / 밀어 주십시오.
열다 (開ける) →　열어 주세요. / 열어 주십시오.
닫다 (閉じる) →　닫아 주세요. / 닫아 주십시오.
요리하다 (料理する) →　요리하 주세요. / 요리하 주십시오.

② ~고 싶다. (~ (し) たい。)
「動詞の語幹＋고 싶다」は「~ (し) たい。」の願望や希望を表す表現です。

가고 싶다	보고 싶다	놀고 싶다	먹고 싶다	걷고 싶다
(行きたい)	(会いたい・見たい)	(遊びたい・休みたい)	(食べたい)	(歩きたい)

나는 친구를 만나고 싶어요.
（私は友達に会いたいです。）
남자친구와 놀이공원에서 놀고 싶어요.
（彼氏と遊園地で遊びたいです。）
한국 춘천에서 닭갈비를 먹고 싶어요.
（韓国の春川でタッカルビを食べたいです。）
역에서 학교까지 걷고 싶어요.
（駅から学校まで歩きたいです。）

③ ~아 / 어 보고 싶다 (~してみたい)

부산에 한 번 가 보고 싶어요.
（釜山へ一度行ってみたいです。）

첫사랑을 만나 보고 싶어요.
（初恋の人に会ってみたいです。）

그 소설은 꼭 읽어 보고 싶어요.
（その小説は必ず読んでみたいです。）

한정식도 먹어 보고 싶어요.
（韓定食も食べてみたいです。）

 練習問題

1. 次の用言を依頼や丁寧な命令を表す「～아/어 주세요」、「～아/어 주십시오」の表現にしてみましょう。

用言	～아/어 주세요	～아/어 주십시오
가다（行く）		
오다（来る）		
사다（買う）		
열다（開ける）		
읽다（読む）		
전화하다（電話する）		
운전하다（運転する）		
참가하다（参加する）		

2. 次の文を「～고 싶다」を入れて、韓国語に直してみましょう。

① 今日は友達に会いたいです。（오늘 , 친구 , 만나다）

② 明日はピアノの練習をしたいです。（내일 , 피아노 , 연습 , 하다）

③ 私は映画がみたいです。（영화 , 보다）

④ あのレストランで食事をしたいです。（식당 , 식사 , 하다）

3. 次の文を韓国語に訳してみましょう。

① 友達はピアノが上手です。

② 彼はテニスが上手です。

③ 弟はスキーが上手です。

④ 妹は勉強が得意です。

《付録》
単語のまとめ

【第1課】

韓国語	日本語
아이	子ども
여우	きつね
오이	きゅうり
우유	牛乳
이유	理由
우아	優雅
이	2, この
여유	余裕

【第2課】

韓国語	日本語
가구	家具
거기	そこ
여기	ここ
가수	歌手
고기	肉
구두	靴
나	私
나라	国
너	君
누구	誰
누나	弟から見て姉
가다	行く
도구	道具
기도	祈り
도로	道路
우리	私たち
오리	アヒル
라디오	ラジオ
어머니	お母さん
머리	頭
무	大根
무우	無憂
모자	帽子
미나리	芹
바나나	バナナ
바다	海
비	雨
보리	麦
사자	ライオン
소리	音
스시	寿司
아기	赤ちゃん
우비	雨具
이모	おば(母の姉妹)
자유	自由
조사	調査
주사	注射
주소	住所
하나	1つ
하루	一日
허리	腰
효도	親孝行
부부	夫婦
버스	バス
요리	料理
소고기	牛肉
어디	どこ

【第3課】

韓国語	日本語
차	車・お茶
추가	追加
치마	スカート
치즈	チーズ
커피	コーヒー
키	鍵(キー)
코	鼻
크리스마스	クリスマス
토마토	トマト
토지	土地
투자	投資
도토리	どんぐり
파	ネギ
포도	葡萄
피구	ドッチボール
피아노	ピアノ
쿠키	クッキー
타다	乗る
파도	波
카드	カード
코미디	コメディ
추리	推理
우표	切手
노크	ノック
코코아	ココア

【第4課】

韓国語	日本語
까치	カササギ
토끼	うさぎ
꼬리	尾
꼬마	ちび
꾸러기	いたずらっ子
따라서	したがって
따로	別々
또	また
띠	帯、干支
뼈	骨
뿌리	根
오빠	妹からみて兄
싸다	安い
비싸다	高い
씨	種
아저씨	おじさん
짜다	塩辛い
찌꺼기	カス
가짜	偽物
아빠	お父さん / お父ちゃん / パパ
찌다	太る

【第5課】

韓国語	日本語
개	犬
대나무	竹
배	梨
배우	俳優
새	鳥
얘기	話
쟤(저 아이)	あの子
걔(그 아이)	その子
게	カニ
에너지	エネルギー
제비	つばめ
베개	枕
예	例
예외	例外
예고	予告
세계	世界
과자	菓子
기와	瓦
사과	りんご
화가	画家
돼지	豚
왜	なぜ
뇌	脳
뫼	墓
외교	外交
회사	会社
뭐	何

韓国語	日本語
샤워	シャワー
워드	ワード
타워	タワー
스웨터	セーター
노르웨이	ノルウェー
하드웨어	ハードウェア
귀	耳
위	胃
쥐	ネズミ
뒤	裏
의사	医者
의자	椅子
의미	意味
회의	会議
주의	注意
~의	~の
노래	歌
취미	趣味

【第6課】

韓国語	日本語
봄	春
각	角
부엌	台所
밖	外
몫	分け前
닭	鶏
돈	金
문	門
앉다	座る
많다	多い
곧	すぐ
맛	味
낮	昼
꽃	花
끝	おわり
낳다	産む
있다	ある・いる
술	酒
읽고	読んで
넓다	広い
밟다	踏む
밟고	踏んで
핥다	舐める
싫다	嫌い
꿈	夢
삶	生
닮다	似る
삶다	茹でる
입	口
잎	葉
값	値
읊다	詠む

韓国語	日本語
공	ボール
방	部屋
방송	放送
간장	醤油
닦다	拭く
옷	服
앞	前
여덟	八
외곬	一途
넓죽하다	広い
넓둥글다	平たくて丸い
젊다	若い
맑게	清らか
묽다	水っぽい
묽고	水っぽくて
낯	顔
눈	雪
걷다	歩く
하얗다	白い
물	水
엷(다)	(色が)薄い
잃다	失くす
없다	ない・いない
키읔	(キウッ)子音字「ヲ」の名称
솥	釜

【第7課】

韓国語	日本語
발음	発音
음악	音楽
직업	職業
산업	産業
목요일	木曜日
한국어	韓国語
일본어	日本語
외국어	外国語
좋다	良い
쌓이다	積もる
고양이	猫
종이	紙
읽다	読む
같이	一緒に
붙이다	貼る
굳이	あえて
해돋이	日の出
맏이	一番上の兄・姉
갇히다	閉じ込められる
굳히다	固める
닫히다	閉まる
묻히다	葬られる
국민	国民
먹다	食べる

韓国語	日本語
숙녀	淑女
받다	もらう
몇 년	何年
학교	学校
작가	作家
듣다	聞く
잡지	雑誌
입구	入り口
낮잠	昼寝
숫자	数字
앓다	患う
입학	入学
노랗다	黄色い
잊혀지다	忘れる
딱하다	気の毒だ
금요일	金曜日
젖어서	濡れて
놓으면	置いたら
절약	節約
~에	~に
높다	高い
신라	新羅
설날	正月
괜찮아요	大丈夫です
낚시	つり
축하	祝賀
약혼	婚約
일년	一年
한류	韓流
달님	お月様
편리	便利
등산로	登山路
의견란	意見欄
음운론	音韻論

【第8課】

韓国語	日本語
~은/~는	~は
안녕	親しい相手同士のあいさつ
안녕하십니까	(こんにちは)丁寧な感じのあいさつ
안녕하세요	こんにちは
처음 뵙겠습니다	はじめまして
~입니다	~です
~입니까	~ですか
저/제	私(「私」の謙譲表現)
~(이)라고 합니다	~といいます・~と申します
그래요	そうですか
만나서 반갑습니다	お会いできてうれしいです

한국어	日本語
~ 씨	~さん
네	はい
대학생	大学生
앞으로	これから
잘 부탁합니다	よろしくお願いします
안녕히 계세요	(さようなら)残る人に対して
안녕히 가세요	(さようなら)去っていく人に対して
안녕히 주무세요	(おやすみなさい)目上の相手に使う
잘 자요	(おやすみなさい)同年代や目下の相手に使う
잘 자	(おやすみ)同年代や目下の相手に使う
사람	人
학생	学生
친구	友達
그	彼
그 분	その方
선생님	先生
오늘	今日
요리사	料理人
셰프	シェフ
공무원	公務員
회사원	会社員
경찰	警察
모델	モデル
프로게이머	プロゲーマー
유튜버	ユーチューバー
스타일리스트	スタイリスト

【第9課】

한국어	日本語
가족사진	家族写真
~ 예요 / ~ 이에요	~です。
이 분	この方
어머니	母
아버지	父
남동생	弟
여동생	妹
오빠	妹からみて兄
회사원	会社員
가족	家族
~ 의	~の
명칭	名称
할아버지	祖父
할머니	祖母
삼촌	伯父・叔父
고모	おば
아빠	お父さん / 父ちゃん=パパ
형	弟からみて兄
누나	弟から見て姉
언니	妹からみて姉
나	私
외할아버지	外祖父
외할머니	外祖母
외삼촌	伯父・叔父
이모	おば(母の姉妹)
엄마	お母さん / 母ちゃん=ママ
저희	私たち
저희들	(謙譲)私たち
너	お前
너희들	お前たち
자네	君
당신	あなた
댁(들)	お宅(達)
그(들)	彼(達)
그녀(들)	彼女(達)
어느 분	どなた(未知称)
누구	誰(未知称)
누가	誰が(未知称)
아무분	どなた(不定称)
아무	誰(不定称)
~ 이 / ~ 가	~が
~ 을 / ~ 를	~を
~ 와 / 과 , 하고 , 랑 / 이랑	~と
우리	私たち
우리들	私たち
~ 도	~も
가방	カバン
名詞 가 / 이 아니다	名詞ではない
일본사람	日本人
아니요	いいえ
학년	学年、~ 年生

【第10課】

한국어	日本語
지금	今
도서관	図書館
~ 에	~に
있습니다	あります・います
없습니다	ありません・いません
있어요	あります・います(存在詞の会話体)
없어요	ありません・いません(存在詞の会話体)
활동	活動
동아리	サークル活動
동아리방	サークルルーム
앞	前
뒤	後
옆 / 곁	横
위	上
아래 / 밑	下
안 / 속	中
밖 / 바깥	外
사이	間
오른쪽	右側
왼쪽	左側
편의점	コンビニ
책	本
테이블	テーブル
꽃	花
오전	午前
수업	授業
콘서트	コンサート
가다	行く
마시다	飲む
놀다	遊ぶ
만들다	作る
월요일	月曜日
화요일	火曜日
수요일	水曜日
목요일	木曜日
금요일	金曜日
토요일	土曜日
일요일	日曜日
티슈	ティッシュ
손수건	ハンカチ
현금	現金
카드	クレジットカード
개	犬
고양이	猫
홍차	紅茶
커피	コーヒー
공원	公園
가방	鞄
하다	する
~ 에서	~で
교실	教室
지갑	財布
돈	お金
볼펜	ボールペン

연필	鉛筆
시간	時間
울다	泣く
공부하다	勉強する
배우다	習う

【第11課】

韓国語	日本語
저	あの
모자	帽子
얼마	いくら
점원	店員
어서 오세요	いらっしゃいませ
티셔츠	T-シャツ
예쁘다	綺麗だ
~네요	~ですね（感嘆の「~네요.」）
이	この
그	その
저	あの
비싸다	高い
~까지	~まで
세일	セール
중이에요	中です
네	はい
가게	店
~에서	~で
제일	一番
인기	人気
그럼	それでは
주세요	ください
신정	新正
구정 / 설날	旧正月
삼일절	三一節
어린이날	子どもの日
부처님 오신날	お釈迦さまの誕生日
현충일	顕忠日
광복절	光復節
추석	秋夕
개천절	開天節
한글날	ハングルの日
크리스마스	クリスマス
어느	どの
이것 / 이거	これ
그것 / 그거	それ
저것 / 저거	あれ
어느것 / 무엇	どれ・何
아무것 / 아무거	何
여기	ここ
거기	そこ
저기	あそこ
어디	どこ

한국어	日本語
아무데	どこ
이곳 / 이쪽	こちら
그곳 / 그쪽	そちら
저곳 / 저쪽	あちら
어느곳 / 어느쪽	どちら
아무곳 / 아무쪽	どちら
~분	方（尊称として'분'をつける）
교실	教室
멀다	遠い
가수	歌手
일	一
이	二
삼	三
사	四
오	五
육	六
칠	七
팔	八
구	九
십	十
공 / 영	ゼロ
이십	二十
삼십	三十
사십	四十
오십	五十
육십	六十
칠십	七十
팔십	八十
구십	九十
백	百
천	千
만	万
억	億
조	兆
월	月
일	日
일월	一月
이월	二月
삼월	三月
사월	四月
오월	五月
유월	六月
칠월	七月
팔월	八月
구월	九月
시월	十月
십일월	十一月
십이월	十二月
오늘	今日
몇 월 며칠	何月何日
십육일	十六日
전화번호	電話番号

한국어	日本語
몇 번	何番
생일	誕生日
몇 년생	何年生まれ
날씨	天気
춥다	寒い
바쁘다	忙しい
~원	ウォン
층	階
분	分
호	号
언제	いつ
이름	名前
교시	~時限・~限

【第12課】

韓国語	日本語
파티	パーティー
몇 시	何時
~부터 ~까지	~から~まで
시간	時間
생일 파티	誕生日パーティー
그래요	そうですか。
괜찮아요	大丈夫です。
왜요?	どうしてですか？・なんでですか？
동물	動物
쥐	鼠
소	牛
호랑이	虎
토끼	兎
용	龍
뱀	蛇
말	馬
양	羊
원숭이	猿
닭	鶏
개	犬
돼지	豚
십이지	十二支
자	子
축	丑
인	寅
묘	卯
진	辰
사	巳
오	午
미	未
신	申
유	酉
술	戌
해	亥
하나	1つ

한국어	日本語
둘	2つ
셋	3つ
넷	4つ
다섯	5つ
여섯	6つ
일곱	7つ
여덟	8つ
아홉	9つ
열	十
열하나	十一
스물	二十
서른	三十
마흔	四十
쉰	五十
예순	六十
일흔	七十
여든	八十
아흔	九十
아흔아홉	九十九
~ 명	～名
~ 시	～時
~ 개	～個
~ 마리	～匹
~ 살	～歳
~ 번	～回
~ 잔	～杯
~ 대	～台
~ 병	～本
~ 장	～枚
~ 사람	～人
~ 권	～冊
~ 벌	～着
~ 달	～月
강아지	子犬
생맥주	生ビール
일주일	一週間
운동	運動
수업	授業
알바	アルバイトの略語
동아리 활동	サークル活動
오전	午前
오후	午後
산	山
창문	窓
사진	写真
택시	タクシー
열다	開ける
찍다	撮る
앉다	座る
타다	乗る
만나다	会う
역	駅
같이 , 함께	一緒に
과제	課題
영화	映画
주말	週末
점심	ランチ

【第13課】

한국어	日本語
주말	週末
해요 ?	しますか
~ 에서	～で
공부	勉強
재미있다	面白い
어떻게	どのように
한국	韓国
노래	歌
드라마	ドラマ
보다	見る
태국	タイ
영국	イギリス
독일	ドイツ
프랑스	フランス
미국	アメリカ
헝가리	ハンガリー
러시아	ロシア
멕시코	メキシコ
오스트레일리아	オーストラリア
네덜란드	オランダ
알다	知る
오다	来る
건너다	渡る
보내다	送る
세다	強い
펴다	広げる
배우다	学ぶ
되다	なる
공부하다	勉強する
~ 에는	～には
하다	する
놀다	遊ぶ
울다	泣く
길다	長い
작다	小さい
모르다	知らない
맛있다	美味しい
맛없다	まずい
자다	寝る
사다	買う
주다	あげる
살다	住む
믿다	信じる
달다	甘い
괜찮다	大丈夫だ
빌딩	ビル
매일	毎日
아침	朝
자주	よく
가끔	たまに
전철	電車
적다	少ない
집	家

【第14課】

한국어	日本語
전공	専攻
꽤	かなり、ずいぶん
여름 방학	夏休み
가족여행으로	家族旅行で～
등산	登山
음악감상	音楽鑑賞
그림 그리기	絵を描くこと
야구	野球
농구	バスケットボール
사진 찍기	写真を撮ること
노래 부르기	歌を歌うこと
온라인 게임	オンラインゲーム
배구	バレーボール
축구	サッカー
닫다	閉める、閉じる
다니다	通う
배우다	学ぶ
웃다	笑う
노래하다	歌う
좋아하다	好きだ
싫어하다	嫌いだ
편리하다	便利だ
유자차	柚子茶
떡볶이	トッポッキ
부산	釜山
한복	韓服
인생네컷	人生4カット
잡채	チャプチェ
제주도	済州島
수학	数学
배우	俳優
휴일	休日
진짜	本物
사실	事実
밀다	押す
운전하다	運転する
음식	食べ物
소설	小説
입다	着る
신다	履く
한국요리	韓国料理

【第15課】

韓国語	日本語
김밥	キンパ
~고 싶다	~(し)たい
가르치다	教える
~아/어 주세요.	~てください
잘해요?	上手ですか?
한국 음식	韓国料理
자신	自信
그럼	それでは
삼계탕	参鶏湯
전	チヂミ
설렁탕	ソルロンタン
순두부찌개	スンドゥブチゲ
짜장면	ジャージャー麺
국밥	クッパ
비빔밥	ビビンバ
냉면	冷麺
닭갈비	タッカルビ
밀다	押す
읽다	読む
춘천	春川
전화하다	電話する
운전하다	運転する
참가하다	参加する
연습하다	練習する
남자친구	彼氏
놀이공원	遊園地
역	駅
영화	映画
식당	食堂
식사	食事
테니스	テニス
스키	スキー
첫사랑	初恋
꼭	必ず
한정식	韓定食

【執筆者】
李 修京 *編著者・監修
　　東京学芸大学教育学部教授
蔡 光華
　　東京学芸大学連合学校教育学研究科博士課程在籍中。同大学コリア語担当教員。
權 秀賢
　　日本女子大学韓国語担当教員。グリーンリサーチ代表。
權 点淑
　　東京学芸大学コリア語担当教員。
權 永慶
　　北海道大学国際広報メディア・観光学院博士課程在籍中。北海道グローバル外語専門学校韓国語担当教員。
半田 光
　　延世大学韓国学協同課程韓国語教育専攻修士課程修了。韓国語教員資格2級取得。

監修⋯⋯⋯⋯李修京

印刷／製本⋯⋯⋯モリモト印刷株式会社
編集／制作⋯⋯⋯有限会社閏月社

［新版］
楽しいK-Talk
基礎韓国語

2025年 3 月 3 日　初版第 1 刷印刷
2025年 3 月10日　初版第 1 刷発行

発行者⋯⋯⋯⋯德宮峻
発行所⋯⋯⋯⋯図書出版白順社　113-0033　東京都文京区本郷 1-28-36
　　　　　　　　　　　　　　TEL 03(3818)4759　FAX 03(3818)5792

©Hakujunsha 2024　ISBN978-4-8344-0296-4　　　　　Printed in Japan